# MISCELLANÉES

PAR

Henri BARDY

*******
7

SAINT-DIÉ
IMPRIMERIE HUMBERT

1899

# MISCELLANÉES

PAR

## Henri BARDY

\*\*\*\*\*\*\*

SAINT-DIÉ
IMPRIMERIE HUMBERT

1899

# LA DAME DE BREYVA

(LÉGENDE DU TERRITOIRE DE BELFORT)

Dans la forêt de Breyvâ, non loin de Meroux, on voit, parfois, un blanc fantôme errer lentement au clair de lune, apparaître et disparaître derrière les arbres. Malheur à celui qui s'approcherait trop près des endroits hantés par cette âme damnée, et qui, la nuit, traverserait cette forêt maudite sans avoir dans sa poche *une pincée de sel*. L'imprudent serait infailliblement perdu ; entraîné hors de son chemin par une puissance surnaturelle, il verrait de près la dame de Breyvâ, tenant dans sa bouche *une clef de feu*, et il aurait à coup sûr le même sort que ce jeune homme de Meroux, qui malgré les sages conseils de ses amis, voulut à toute force, traverser de nuit la forêt de Breyvâ.

Trois paysans du village revenaient, un soir fort tard, de la fête de Bourogne. Le plus âgé était un homme prudent, se méfiant du diable et de ses maléfices, et craignant Dieu. Le second, sans être tout à fait irréligieux, n'adoptait pas toujours les croyances du bonhomme et se moquait même quelquefois de ses racontages. Quant au plus jeune, c'était un esprit fort, ne craignant ni Dieu ni diable, et ne songeant qu'à s'amuser le plus possible. Tout en jasant de la fête, des amis avec lesquels on avait bu, largement et gaiement, des jolies filles qu'on avait fait sauter, ils étaient parvenus, sans s'en apercevoir, à la lisière de la forêt de Breyvâ. Le plus âgé, l'ayant remarqué le premier, dit à ses compagnons qu'il valait mieux prendre par la grande route, que ce serait un peu plus long, mais plus sûr et moins fatiguant. Le plus jeune se moqua de lui, le traitant de peureux, de vieille femme, et parvint sans peine à décider ses deux compagnons à passer par la forêt. Ils arrivèrent bientôt dans une clairière. Là s'élevait, avant la venue des *Suèdes* (Suédois), le manoir de la dame de Breyvâ.

Les deux plus âgés traversèrent cette partie du bois sans accident. Il n'en fut pas de même du plus jeune. Dès qu'il y eut posé le pied, il se sentit rempli d'une lassitude étrange. Sans pouvoir se l'expliquer, il se trouva en arrière de ses amis. Il voulut courir après eux : ses pieds se soulevaient à peine du sol. Il voulut les appeler, crier : sa voix était vide de son. Alors il eut peur, trembla, vint tomber, épuisé, sur la margelle d'un puits, seul vestige du vieux castel. Il lui sembla que deux mains de fer s'étaient appesanties sur ses épaules et l'avaient cloué à cette place.

Tout à coup une éblouissante clarté envahit la clairière. Devant lui venait de s'allumer un immense foyer. Il s'en approcha aussitôt pour ranimer ses membres engourdis. Inutile effort ! Ce foyer *éclairait*, mais *ne chauffait pas*. Sa lumière, d'abord brillante, rougit, pâlit et ne projeta plus bientôt qu'une lueur blanchâtre comme celle d'un clair de lune.

Debout, derrière le foyer, et serrant entre les dents une clef qui luisait dans la nuit comme un charbon ardent, se tenait un blanc fantôme..

C'était la dame de Breyvâ, dont l'âme ne devait avoir ni trève ni repos jusqu'au jugement dernier, en châtiment de ses exactions et de son avarice. Dieu voulait qu'elle eût les lèvres et les dents sans relâche brûlées par cette clef qui lui avait servi à cacher ses trésors injustement acquis. Cette âme damnée revenait dans la clairière, arrêtait l'imprudent qui osait s'y aventurer et tâchait de lui faire arracher la clef qui la torturait.

A la vue de l'apparition, le malheureux se mourait de peur. Une voix intérieure lui dit qu'il devait essayer d'arracher la clef. Il y porte la main, mais une brûlure atroce l'oblige à reculer. Plus résolu, il essaie de nouveau... La clef se descelle des dents du fantôme, elle vient !... Mais la douleur, devenue plus insupportable, le force encore à lâcher prise.

« Plus qu'une fois, dit la dame, une seule fois ! songe à ton salut et au mien. »

Fou de douleur et de désespoir, il reprend la clef avec rage ; elle s'ébranle sous un effort violent, les lèvres seulement la retiennent... Encore un coup et elle est à lui... Mais à l'instant décisif le supplice infernal qu'il éprouve l'emporte sur la peur de la damnation, il lâche... et la clef est rivée plus fort que jamais.

Cependant les deux paysans cherchaient leur camarade. Après avoir en vain fouillé la forêt, ils s'arrêtent enfin l'oreille tendue ; des accents plaintifs, apportés par la bise, arrivent jusqu'à eux. Ils se dirigent vers l'endroit d'où ces plaintes devaient venir et se trouvent bientôt dans la clairière maudite. Leur jeune compagnon était là, étendu sur le sol, la tête appuyée sur la margelle du puits. Le croyant endormi, ils se mirent à le secouer avec vigueur, mais ils remarquèrent bien vite sa pâleur et la contraction de ses traits.

« La dame !... la clef !... elle brûle... » râla-t-il dans un suprême effort. Ses camarades voulurent le soulever : le corps retomba inerte.....

*15 Décembre 1898.*

# ANTI-GLACIÉRISTES & GLACIÉRISTES

Le tome XXV (1897) du *Bulletin de la Société géologique de France* contient quatre articles intéressant les Vosges :

1º *Note sur l'histoire géologique des Vosges.* par M. de Lapparent (p. 7 du *Bulletin*) ;

2º *Observations sur le dôme des Vosges*, par M. Munier-Chalmas (p. 28) ;

3º *Note sur les terrains de transport du bassin de la haute Moselle et de quelques vallées adjacentes*, par M. de Lamothe (p. 398) ;

4º *Sur les formations glaciaires dans les Vosges*, par E. Carez (p. 463).

Ces articles sont brièvement analysés dans la *Revue des travaux scientifiques* (t. XVIII, 1898, p. 1037, 1039, 1089 et 1092).

Les deux premiers sont relatifs à l'histoire géologique des Vosges, au point de vue du système tout entier, tant sur la manière dont s'est effectuée la mise en saillie de la région que sur l'époque où cette dislocation a pu se produire. M. de Lapparent reprend une question étudiée, en dernier lieu, par M. Steinmann, professeur à l'Université de Fribourg-en-Brisgaw ; mais, de même que les observations qu'y ajoute M. Munier-Chalmas, ce sont choses trop générales, trop spéciales et trop théoriques pour être expliquées en quelques mots.

Les deux autres mémoires traitent de sujets plus particuliers, surtout plus locaux et plus à notre portée pour être ici mentionnés.

La note de M. de Lamothe a pour objet l'étude des terrains de transport du bassin de la haute Moselle, qui comprennent les dépôts sur les pentes et les plateaux *(Diluvium)* et ceux qui s'étalent dans le fond des vallées, le long des thalwegs (alluvions anciennes). Elle nous intéresse plus spécialement par ce qu'elle dit de l'alluvion ancienne de la haute Moselle qui, suivant la région où on l'étudie, présente des caractères tout différents de ceux qui caractérisent le diluvium.

« En aval de Noir-Gueux (5 kilomètres nord

de Remiremont) cette alluvion forme des terrasses basses ou hautes, parallèles au thalweg, stratifiées presque horizontalement; en amont du niveau 620, elle est constituée dans toutes les vallées (sauf celle de Cleurie) par des amas à structure torrentielle ; entre Noir-Gueux et le niveau 620, elle forme une série de ressauts en gradins disposés comme les marches d'un gigantesque escalier. Cette disposition en gradins est un phénomène spécial à la haute Moselle.

« Ces ressauts sont d'anciens deltas ; ils en ont la structure, très souvent le profil. Ils ont été édifiés dans un lac dont le niveau a été au début représenté par la cote 620 et s'est abaissé par saccades, en se fixant pendant une période plus ou moins longue, aux niveaux intermédiaires 565, 540, 496, 460, 440, 425. Finalement, la région entre Remiremont et Noir-Gueux a été occupée par une nappe d'eau cotée 405, dont la formation est due à un barrage formé par les cônes de déjection des torrents de la Suche et des Charbonniers.

« L'origine du lac de Gérardmer se lie intimement à l'histoire du lac 620 ; elle n'est pas due à l'intervention des glaciers. »

Telle est la conclusion de M. de Lamothe relativement au lac de Gérardmer.

Jusqu'à présent, nous autres Vosgiens des Hautes-Vosges, sur la foi de savants géologues, originaires du pays et le connaissant admirablement, nous avions cru à une origine glaciaire. Nous savions que le lac de Gérardmer présentait un fait singulier et rare en orographie, qui avait éveillé l'attention des gens compétents.

Dès 1837, en nivelant avec soin la pente générale de la vallée, Hogard s'était aperçu que le lac devrait se déverser dans le bassin inférieur de la Moselle, en passant par le Belliard, le Tholy et la vallée de Cleurie, mais qu'un obstacle infranchissable, se présentant en aval, forçait les eaux à s'écouler à contre-pente. Un peu plus tard, en 1840, dans ses *Observations sur les traces de glaciers dans les Vosges,* le même géologue émit l'opinion que les amoncellements de roches qui se remarquent dans la vallée de Gérardmer, du Tholy, etc., étaient dûs à des glaciers qui, à une époque reculée, avaient recouvert la chaîne des Vosges, et qu'en conséquence l'obstacle en question était une grande moraine.

Cette opinion fut admise, et, en 1847, lors de la session extraordinaire de la *Société géologique de France* à Epinal, Charles Martins fit remarquer à ses collègues, en excursion à Gérardmer, la curieuse et rare anomalie présentée par le lac. Il leur montra cette moraine frontale qui, s'opposant à ce que les eaux suivent la pente naturelle, les forcent à s'échapper en amont pour gagner un point peu éloigné du Saut-des-Cuves et s'engouffrer au Nord-Ouest dans l'étroite gorge de la Vologne.

Notre ami Charles Grad, si tôt enlevé à la science qu'il aimait tant, partageait la même opinion quand il écrivait en 1873, dans un travail intitulé *Description des formations glaciaires de la chaîne des Vosges en Alsace et en Lorraine* (Revue d'Alsace, t. II, nouvelle série, p. 92 et 93) le passage suivant : « Le ruisseau de Cleurie, sorti des tourbières du Belliard, coupe les moraines frontales en aval de sa source, ou plutôt il suit la coupure ouverte par le torrent de l'ancien glacier. Seule, la grande moraine située au bas du lac de Gérardmer n'a pas été entamée. Cette dernière, pareille à la moraine du lac de Lourdes, dans les Pyrénées, au lieu de laisser aux eaux de Gérardmer un libre cours dans le sens de la vallée de Cleurie, les force à rebrousser chemin, pour s'écouler en amont par l'étroite gorge de la Vologne, et passer dans la Moselle par la vallée de Granges, par Docelles et Jarménil. Sans doute, lors de l'existence du glacier formé sur les flancs du Hohneck, et qui s'est étendu à travers la vallée actuelle de Cleurie, les eaux ont déjà pu s'échapper par la fissure de la Vologne, et le ruisseau formé au-delà de ce point, ne pouvant se frayer un passage à travers l'énorme accumulation de débris en aval de Gérardmer, ces dernières moraines sont restées intactes, et ont amené la formation du lac. Le sommet de la moraine au bas du lac de Gérardmer se trouve à 698 mètres d'altitude, le niveau du lac à 665 mètres, son fond entre 620 à 630 mètres, le ruisseau alimenté par ses eaux, la Jamagne, se déversant à 665 mètres pour tomber dans la Vologne à 620 mètres, à un niveau correspondant à peu près au fond même du lac. Ainsi la moraine frontale du lac de Gérardmer atteint une hauteur totale de 70 à 80 mètres. »

Après C. Grad, auquel nos belles montagnes étaient si familières, d'autres géologues ont, sans hésiter, attribué au lac de Gérardmer une origine glaciaire. Citons plus particulièrement M. G. Bleicher, le savant professeur d'histoire naturelle à l'Ecole supérieure de pharmacie de Nancy, dans son *Guide du Géologue en Lorraine* (p. 205) et dans son intéressant ouvrage sur les *Vosges, le sol et les habitants* (p. 105).

Maintenant, c'est M. Carez qui, dans sa *Note sur les formations glaciaires dans les Vosges,* que nous signalons au début, répond à M. de Lamothe en exposant que le barrage qui retient les eaux du lac de Gérardmer est, pour lui, « l'exemple le plus typique qu'il soit donné de rencontrer de moraine frontale ; aussi conteste-t-il résolument qu'on puisse l'attribuer à un delta torrentiel. »

Qui a raison ? *Sub judice lis est.* Toutefois, qu'il nous soit permis de donner, bien humblement notre avis. Toujours fidèle aux enseignements de Renoir, notre ancien professeur du collège de Belfort, qui fut, dès 1837, un des admirateurs des travaux d'Agassiz et un des premiers initiateurs aux études sur les glaciers des Vosges, nous demeurons, en ce qui concerne la question locale dont nous venons de parler, partisan convaincu de la théorie glaciaire.

*5 Mars 1899.*

# LES MINES DE SAINTE-MARIE

## ET LES NAINS MONTAGNARDS

Il y a juste deux ans qu'une Société a été constituée dans le but de reprendre l'exploitation des mines de Sainte-Marie. Elle s'est immédiatement mise à l'œuvre, mais jusqu'à présent, avec ses cent trente-cinq ou cent quarante ouvriers, elle n'a pas encore attaqué les fonds et n'est guère sortie de la période de préparation. Nous savons que ces travailleurs sont robustes et intelligents; qu'ils ont à leur tête trois *steigers* ou contre-maîtres des plus capables. Nous nous demandons néanmoins, nous autres gens du bon vieux temps, si, à cette époque de progrès où nous vivons, et nonobstant la science qui nous inonde de ses lumières, ces exploiteurs fin de siècle ont eu la sagesse et pris préalablement la précaution de solliciter les nains de la montagne d'être propices à leur entreprise.

* *
*

On sait que les cavités des montagnes, surtout celles qui sont riches en gîtes métallifères, sont habitées par des nains, une race de tout petits êtres extrêmement actifs et laborieux.

Un vieux poème allemand dit que Dieu créa d'abord les nains pour cultiver la terre et en extraire les richesses; puis les géants pour exterminer les monstres; puis enfin les héros pour protéger les pauvres nains contre les géants qui occupaient les sommets des montagnes. Dans la symbolique du Nord, les géants représentent la force brutale, la matière; et les nains, la faculté d'esprit, l'intelligence. Malgré l'exiguité de leur taille, les nains possèdent une grande force. Ils ont de splendides demeures souterraines, aux mille colonnes toutes pailletées d'or et de cristaux. C'est là qu'ils forgent les métaux, et parfois, dans le calme profond de la nuit, on entend le bruit de leur marteau de diamant frappant l'enclume en cadence.

Ces minuscules bonshommes, si petits souvent qu'ils peuvent passer par le trou d'une serrure, sont presque tous d'origine germanique, de cette blonde et romantique Allemagne, jadis le pays de la poésie et des rêves, maintenant l'empire où « la force prime le droit. » C'est dans les pays allemands, principalement dans la Souabe, dans la Saxe, dans la Thuringe, qu'habitent les *Mœnnlein*. Mais, même dans les Vosges alsaciennes, si le cor merveilleux de la tradition, le *Wunderhorn,* vient à retentir un jour, on verra réapparaître les esprits des mines du Val de Liepvre, endormis depuis longtemps dans le sein de la montagne.

Ces esprits mineurs ne se ressemblent pas tous. S'il y en a de bons, il s'en trouve aussi de mauvais, voire des féroces ; s'il y en a de beaux et de gracieux, on en voit parfois d'horribles. Les bons sont toujours beaux, mais on peut dire que, pour la plupart, les laids sont plus ou moins méchants.

Parmi ces derniers, ce sont ceux dits

*Montagnards* qui sont le plus à craindre par les tourments qu'ils font subir aux mineurs. Ils ont trois pieds de haut, un visage à faire peur, un air de vieillesse, et sont vêtus d'une camisole et d'un tablier de cuir, comme les ouvriers dont ils prennent souvent la figure. On dit qu'autrefois ces démons n'étaient pas malfaisants, qu'ils entendaient même la plaisanterie ; mais, susceptibles à l'excès, la moindre insulte leur était sensible, et ils la souffraient rarement sans se venger. On raconte qu'un mineur eut l'audace d'en injurier un. Celui-ci, indigné, sauta sur l'insolent et lui tordit le cou. L'infortuné n'en mourut pas, mais il eut, pour le restant de ses jours, le visage tourné sens devant derrière. Il n'y a pas de doutes à émettre à cet égard, car des personnes fort honorables ont affirmé l'avoir vu en ce triste état... Ils avaient assurément de bons yeux !

De tous les démons gardiens des mines, le plus terrible est, sans contredit, l'*Anneberg*. Il est méchant et rancunier, mais, fort heureusement, ne se rencontre guère qu'en Allemagne. Il tua, un jour, de son souffle empoisonné, douze ouvriers qui travaillaient à une mine d'argent dont il avait la garde. L'*Anneberg* ou *Annaberge* se montre sous la forme d'un bouc avec des cornes d'or, ou sous celle d'un cheval avec un cou immense et des yeux effroyables, jetant la flamme et la peste par les naseaux. Ne serait-ce pas lui que les chimistes d'aujourd'hui connaissent sous le nom de *Feu grisou,* et dont le plus précieux talisman pour se défendre de ses furieuses attaques est la lampe de Davy, bien supérieure dans ce cas à celle d'Aladin, pourtant si merveilleuse ?

Les génies bienfaisants sont plus particulièrement connus sous le nom de *Gnomes*. Ils ne travaillent pas les métaux comme les nains mineurs, mais sont spécialement commis à la garde des trésors et des pierreries renfermés dans les mines et les entrailles de la terre. Ils aiment les hommes, sont ingénieux et ont un excellent caractère. Les *Gnomides*, leurs femmes, sont petites, un peu trop petites, mais bien faites et de mine si agréable !... Quelle bonne fortune ce sera pour les nouveaux mineurs de *Markirch* s'ils ont la chance de ne rencontrer dans les galeries que des gnomes et des gnomides !

Mais aux gnomes on ne croit plus guère ; les ouvriers mineurs, qui chaque jour cependant pourraient se trouver en rapport avec eux, commencent, en esprits forts qu'ils affectent d'être, à nier leur existence, à les faire passer même pour des êtres imaginaires. Sur quoi s'appuient donc ces prétendus « philosophes » pour démolir d'aussi vieilles croyances ? Sur cette simple histoire que raconte Saintine dans sa *Mythologie du Rhin :* « Une jolie paysanne des environs de Hombourg fut vue certain soir à la danse portant au doigt un gros rubis. Elle prétendait l'avoir reçu d'un esprit de la terre qui lui était apparu à l'entrée des mines du Taunus. Après informations prises par les commères, convaincue de n'avoir eu de rencontre réelle qu'avec un gnome anglais, voyageant pour sa santé et courtisant les jolies filles pour sa satisfaction, elle fut chassée du pays. » Et Saintine d'ajouter malicieusement que ce fut le dernier gnome dont on ait entendu parler dans cette partie de l'Allemagne.

Les montagnes de la Bavière et du Tyrol sont aussi peuplées de nains. Il y en a surtout dans l'Untersberg, la mystérieuse montagne des environs de Saltzbourg. Un de nos compatriotes les plus distingués, M. l'abbé Maurice Grandjean, de Senones, nous a raconté, dans son *Voyage à travers les Alpes autrichiennes,* de charmantes histoires sur ces nains ou *Bergmænnlein*. Si l'on use de bons procédés envers ces petits personnages, leur rencontre est ordinairement heureuse pour les mortels. L'abbé Grandjean rapporte à ce sujet plusieurs faits des plus curieux. Nous ne saurions trop vous engager à lire son bel ouvrage. Vous y trouverez l'histoire d'Hans Gruber, aubergiste à Saltzbourg; celle du bûcheron de Schellenberg; celle du petit pâtre musicien auquel le grand empereur Frédéric Barberousse, en personne, fit les honneurs de sa magnifique résidence souterraine; celle de ce voiturier tyrolien qui conduisait du vin à Hallein, et bien d'autres aventures encore plus intéressantes et plus bizarres les unes que les autres.

La croyance aux petits nains, nommés tour à tour dans les divers récits *Wichtelmænner, Metallarii, Homunculi,* existe encore aujourd'hui dans la plupart des pays du nord. Ils peuplent par myriades les souterrains de la Suède et de la Norvège, où, en habiles métallurgistes qu'ils sont, ils travaillent à rechercher et à amasser des trésors, à recueillir et à forger les métaux.

Tels sont les esprits souterrains que réveilleront sans doute nos *Knappen* modernes, trop enclins à se moquer des récits légendaires et des contes superstitieux des bons vieux mineurs. Il est bien vrai que dans ces récits, tout remplis qu'ils soient d'intérêt et d'inattendu, vous reconnaissez l'empreinte des superstitions du moyen-âge. Comme le dit très bien Th. de Morville, dans le *Musée historique et pittoresque de l'Alsace* de Rothmüller, « vous y retrouvez les croyances aux esprits malfaisants qui habitent les profondeurs de la terre... la foi en l'intervention de la Vierge protectrice dans l'exploitation plus ou moins heureuse de telle ou telle galerie... Si cette mine, dont on ne peut, aujourd'hui, retrouver l'origine, a été hermétiquement fermée, c'est que les gnomes y ont établi leur résidence habituelle et qu'ils ont su en dérober l'entrée aux investigations des hommes... Si cette galerie, qu'on exploitait si facilement autrefois, est devenue impraticable, c'est qu'un nain, dont ils vous disent le nom, y a pratiqué des éboulements qui l'obstruent. Et puis, il y a l'histoire des rivalités qui existaient entre les esprits de la mine française et ceux de la mine allemande. »

Avant tout, souvenez-vous de Jungnickel, le nain d'argent (*der Silberzwerg*)! Interrogez les anciens de la vallée! Ils le connaissent, et vous diront comment il se venge de ceux qui n'ont pas l'heur de lui plaire. Ils vous raconteront la fin tragique de la pauvre Berthe, qui avait dédaigné son amour pour rester fidèle à l'*Untersteiger* auquel elle avait promis son cœur et sa foi. Ils vous diront la terrible vengeance du nain, l'explosion de la mine, les catastrophes qui s'en suivirent et amenèrent l'interruption des travaux pendant une très longue période d'années...

Le nain d'argent est-il apaisé? On a tout lieu de le croire, après le laps de temps qui s'est écoulé depuis cet épouvantable évènement, que la tradition populaire a fixé au XIIIe siècle, alors que les seigneurs d'Eschery gouvernaient les mines qu'ils tenaient, en fief noble, de la munificence des empereurs de la maison de Souabe.

Il est donc permis d'espérer que Jungnickel et ses congénères, à la suite de leur long, tranquille et réparateur repos, vont rouvrir aux fils des hommes leurs riches galeries, et, suivant M. E. Muhlenbeck, l'auteur d'une récente et très intéressante *Histoire des Mines de Sainte-Marie,* « nous allons être réjouis, l'un de ces soirs, du tintement de la cloche d'argent de Surlhâte, disparue depuis un temps que l'on ne saurait fixer, et enfouie sous les fourrières du Rain de l'Horloge !... »

\* \* \*

L'étude des légendes est pleine d'intérêt, et les comparaisons que l'on peut faire entre le folk-lore d'un pays et celui d'une contrée voisine donnent parfois de curieux résultats.

Nous venons de voir le cycle de traditions des nains mineurs et montagnards pénétrer du centre de la vieille Teutonie jusqu'au fond des vallées vosgiennes. Ces traditions s'arrêtent à la limite de l'Alsace et de la Lorraine, et s'il en est parfois question sur le versant français de la chaîne, ce ne sont plus que de rares et faibles échos, provenant d'un voisinage immédiat. Il est plus que probable qu'elles ont été importées dans le Val de Liepvre par les mineurs de la Souabe, de la Saxe et de la Thuringe. Elles s'y sont acclimatées et s'y sont complues comme dans leur pays d'origine.

Mais sans aller bien loin, dirigeons-nous vers les Vosges méridionales, du côté du Ballon d'Alsace où se trouvent les mines de Giromagny, du Puix et d'Auxelles. Ici, les choses ne se passent plus de même. Les ouvriers allemands, souabes, saxons, thuringiens ou tyroliens, venant les exploiter pour le compte de la Maison d'Autriche, ont bien certainement aussi apporté les croyances de leurs pays, ainsi que leur langue. Qu'en est-il resté? Pas la moindre trace de ces croyances; quant aux noms allemands donnés aux principales galeries, ils se sont presque entièrement romanisés ou francisés. Les poétiques légendes des bords du Rhin et de la Germanie n'ont pu trouver grâce auprès des populations romanes de la vallée de Rosemont, qu'arrose la Savoureuse, rivière tributaire du bassin du Rhône.

Nous avons montré ailleurs que la croyance en la fée Arie n'avait jamais pu franchir les limites de l'Elsgau ou *Pays d'Ajoie* (Sundgau français) pour pénétrer dans le Sundgau alsacien, c'est-à-dire allemand. La même chose s'est passée pour les traditions populaires relatives aux nains des mines et des montagnes. Aussi n'en avons-nous pu faire la moindre mention dans notre étude sur le *Folk-lore du Val-de-Rosemont* publiée dans le « Bulletin n° 3 de la Section des Hautes-Vosges du C. A. F. » Comme pour la fée Arie, l'aire des croyances, en ce qui concerne les nains, est, dans les Vosges, nettement limitée et n'atteint pas celles de ces montagnes qui déversent leurs eaux dans le bassin du Rhône, en pays français.

En résumé, et quoiqu'il en soit de ces fantastiques histoires, à défaut des anciennes croyances, déjà bien ébréchées par la Réforme, puis étouffées sous le rationalisme moderne et le scepticisme contemporain, les futurs mineurs de Sainte-Marie retrouveront peut-être la bonne et franche gaîté de leurs prédécesseurs. On entendra de nouveau les joyeux appels des travailleurs, et les échos de la vallée rediront encore le refrain de la vieille chanson de la mine :

*Glück auf ! Glück auf !*
*Der Bergmann kommt,*
*Er hat sein Grublicht*
*Schon angezunndt.*

16 Mai 1899.

# VIEUX PARCHEMINS
## ET VIEUX PAPIERS

———⋊⋉———

Le savant professeur d'histoire de l'Université de Nancy, M. Chr. Pfister, a publié dernièrement, dans le *Journal de la Société d'Archéologie lorraine* (vol. de 1899, pp. 54-63 et 74-85), un très intéressant travail sur des anciennes chartes conservées à la Bibliothèque publique de la ville de Nancy.

Cet établissement en possède un certain nombre qui lui sont arrivées, pour la plupart, par l'effet du hasard, et dont quelques-unes concernent nos monastères de Saint-Dié, de Senones et d'Etival.

Voici quelle a été la lamentable odyssée de ces précieux documents, de ces rarissimes diplômes, épaves des vieilles archives de notre région vosgienne, qui, si elles étaient parvenues complètes et intactes jusqu'à nous, auraient éclairé l'histoire de vives clartés et évité bien des controverses inutiles, bien des suppositions regrettables et bon nombre de fausses conjectures.

Les archives de ces abbayes n'ont pas été versées complètement, en 1790, au dépôt départemental des Vosges, à Epinal. Elles restèrent en très grande partie à Saint-Dié, où on les relégua pèle mèle, ou peu s'en faut, dans ce local dépendant de la Cathédrale et donnant sur le cloître, que l'on appelle encore *la librairie*. Les archives du Chapitre, qui étaient en même temps les véritables archives de la cité déodatienne, s'y trouvaient presqu'au complet. Qui peut dire les déprédations dont elles furent l'objet pendant les mauvais jours de la tourmente révolutionnaire ! Qui peut évaluer les soustractions qui y furent commises pendant toute la durée du Consulat et de l'Empire, mais, cette fois, à tête reposée et en connaissance de cause, aussi bien par les partisans de l'Ancien Régime que par ses détracteurs ?

Plus tard, en pleine Restauration, lors du

rétablissement de l'évêché, Mgr Jacquemin, ayant besoin de ce local pour en faire une sacristie, demanda le déplacement de ces paperasses. On ne savait qu'en faire... La ville n'avait pas de place pour les mettre. Le Préfet des Vosges ne s'en souciait pas et laissait le Maire de Saint-Dié — qui était alors F.-M. Brevet, — libre d'en faire ce qu'il voudrait, lui disant que s'il fallait un employé pour en faire le triage et le classement, le traitement serait à la charge de la ville et non à celle de l'arrondissement ou du département. Il ajoutait même, en forme de conclusion, cette malheureuse phrase, source de tout le mal : *Quant aux papiers inutiles, ils peuvent être vendus.*

Ce préfet était M. de Meulan, beau-frère du célèbre homme d'Etat Guizot. C'était un lettré, mais s'il aimait les belles-lettres, il professait, paraît-il, un profond mépris pour les vieux papiers et les vieux parchemins.

On finit pourtant par trouver un local. C'était une petite chambre placée au-dessus de l'entrée ou nartex de l'église Notre-Dame; mais comme elle était d'une exiguité telle parvenues complètes et intactes jusqu'à nous, auraient éclairé l'histoire de vives clartés et évité bien des controverses inutiles, bien des suppositions regrettables et bon nombre de fausses conjectures.

Les archives de ces abbayes n'ont pas été versées complètement, en 1790, au dépôt départemental des Vosges, à Epinal. Elles restèrent en très grande partie à Saint-Dié, où on les relégua pêle mêle, ou peu s'en faut, dans ce local dépendant de la Cathédrale et donnant sur le cloître, que l'on appelle encore *la librairie*. Les archives du Chapitre, qui étaient en même temps les véritables archives de la cité déodatienne, s'y trouvaient presqu'au complet. Qui peut dire les déprédations dont elles furent l'objet pendant les mauvais jours de la tourmente révolutionnaire ! Qui peut évaluer les soustractions qui y furent commises pendant toute la durée du Consulat et de l'Empire, mais, cette fois, à tête reposée et en connaissance de cause, aussi bien par les partisans de l'Ancien Régime que par ses détracteurs?

Plus tard, en pleine Restauration, lors du

rétablissement de l'évêché, Mgr Jacquemin, ayant besoin de ce local pour en faire une sacristie, demanda le déplacement de ces paperasses. On ne savait qu'en faire... La ville n'avait pas de place pour les mettre. Le Préfet des Vosges ne s'en souciait pas et laissait le Maire de Saint-Dié — qui était alors F.-M. Brevet, — libre d'en faire ce qu'il voudrait, lui disant que s'il fallait un employé pour en faire le triage et le classement, le traitement serait à la charge de la ville et non à celle de l'arrondissement ou du département. Il ajoutait même, en forme de conclusion, cette malheureuse phrase, source de tout le mal : *Quant aux papiers inutiles, ils peuvent être vendus.*

Ce préfet était M. de Meulan, beau-frère du célèbre homme d'Etat Guizot. C'était un lettré, mais s'il aimait les belles-lettres, il professait, paraît-il, un profond mépris pour les vieux papiers et les vieux parchemins.

On finit pourtant par trouver un local. C'était une petite chambre placée au-dessus de l'entrée ou nartex de l'église Notre-Dame; mais comme elle était d'une exiguité telle qu'on n'y pouvait tout mettre, le Maire demanda, par lettre du 13 septembre 1826, l'autorisation de vendre les papiers *inutiles*, consistant, selon lui, pour la plupart, « en imprimés et en écrits insignifiants. » Le Préfet s'empressa d'approuver. On mit à part un certain nombre de liasses qui contenaient les titres et papiers que Gravier, l'historien de Saint-Dié, avait jugé dignes d'être conservés. Son choix n'avait pas, paraît-il, été fait d'une façon très judicieuse, et n'était pas à l'abri de toute critique. On lui reprocha même d'avoir, de parti pris, sacrifié avec trop de partialité plusieurs pièces qui gênaient les idées et les théories qu'il se proposait d'émettre dans son histoire.

Quoiqu'il en soit, le surplus de ce qui n'avait pas été mis de côté, c'est-à-dire presque tout, fut vendu aux enchères, le 21 septembre 1826, par le maire Brevet, sans inventaire préalable, mais, il faut bien le dire aussi, — ce qui est pour lui une circonstance atténuante, — en vertu d'une autorisation préfectorale.

Cette vente, à jamais déplorable, produisit la somme dérisoire de 744 fr. 05.

C'est ainsi que des documents extrêmement précieux entrèrent dans le commerce, les uns pour n'en plus sortir, puisqu'ils servirent à des épiciers de la ville pour envelopper chandelles, sucre et fromage ; les autres pour passer dans la circulation. C'est ainsi qu'un nommé Hachar, garde à cheval des forêts de la ville à la Bolle, flairant une bonne aubaine, s'était rendu acquéreur, pour 155 francs, du lot de parchemins. Il avait, presqu'immédiatement, revendu, pour la somme de 600 francs, les titres concernant la fo êt communale de la Madeleine au Maire de Saint-Dié, qui avait enfin compris l'énormité de la faute qui venait d'être commise.

C'est ainsi que, plus tard, un bibliophile lorrain des plus érudits, M. Beaupré, acquit de Lazare Lévy un lot d'anciennes pièces concernant nos abbayes, qu'il céda, en 1843, à la bibliothèque publique de Nancy.

Ce sont celles de ces pièces qui datent d'avant le XIV° siècle que M. Pfister a voulu faire connaître dans le travail que nous signalons.

Elles sont au nombre de 23, sur lesquelles 13 concernent notre région. La plupart ont été publiées, mais encore, comme le fait observer le savant professeur de Nancy, importe-t-il à l'historien de savoir où se trouvent les originaux. « Ces originaux, dit-il, permettent de corriger les fautes des éditions et présentent souvent des particularités curieuses. » C'est d'après l'un d'eux qu'il reproduit le beau sceau du duc de Lorraine Simon I$^{er}$ (1115-1126), dont il est plusieurs fois question dans l'histoire de Saint-Dié.

Ce sceau est plaqué à un titre par lequel le duc Simon, d'une part; Rambaud, prévôt de Saint-Dié, et le Chapitre, d'autre part, règlent leurs droits respectifs sur le ban du duc et le ban du Chapitre dans le Val de Galilée. Il est orbiculaire, a un diamètre de 0$^m$09 et est admirablement conservé. Il doit sans doute sa parfaite intégrité à ce qu'il est plaqué sur le parchemin et non pendant ; s'il eût été attaché à une queue, il aurait subi le sort de la plupart de ceux qui étaient au dépôt de la Petite-Eglise, et qui ont été enlevés par les ciseaux d'amateurs ou de curieux. Le duc est représenté revêtu de la cotte de maille et coiffé du haubert, à cheval, la lance en avant et soutenant son bouclier, sur lequel sont trois fleurons, de plus en plus petits. Serait-ce le point de départ et comme une ébauche des trois alérions de Lorraine? On sait que cette figure héraldique ne parut que sous Mathieu I$^{er}$, fils de Simon.

Les n$^{os}$ 8, 9, 10, 11 et 12 du catalogue de M. Pfister sont relatifs à l'abbaye d'Etival et se rapportent tous les cinq à la donation faite par Herrade, abbesse de Hohenbourg, du prieuré de Saint-Gorgon, aux Prémontrés d'Etival, en 1178. Le n° 11 de ces diplômes a, pour nous, un intérêt plus spécial. C'est la confirmation de cette même donation par le pape Lucius III, et la bulle donnée à Rome, le 22 janvier 1182, se trouve en original aux archives municipales de Saint-Dié. La pièce de la bibliothèque de Nancy n'en est qu'une copie contemporaine, reproduisant toutes les particularités de l'original.

Quand, par ce qui reste, on songe à toutes les richesses mutilées, dilapidées, anéanties à jamais, les regrets sont amers ; mais ils sont heureusement tempérés en voyant des travaillleurs, comme M. Pfister, faire tous leurs efforts et consacrer leur science et leur temps à sauver de l'oubli et à préserver de la destruction ces reliques historiques.

*31 mai 1899.*

# LA PIERRE-HARDIE

Le 18 Mai dernier, au cours de travaux exécutés sur la place Jules Ferry pour la pose de la canalisation des eaux des Sept-Fontaines, on a découvert, à 40 centimètres au-dessous du sol, à 2 m. 50 en avant des maisons Apté et Vincent-Chôtel et presqu'en face de leur ligne de séparation, un massif de maçonnerie en pierres de taille bien jointes et formant un carré de 3 m. 50 de côté. N'étaient-ce pas là des vestiges ou plutôt les fondations même qui supportaient jadis la *Pierre-Hardie* ? Nous avons tout lieu de le croire en étudiant sur d'anciens plans de 1600, 1721, 1739 et 1757 la position qu'elle occupait.

La *Pierre-Hardie* était un gros bloc cubique de pierre, de la même espèce, sans doute, que celle des fondations, c'est-à-dire en grès vosgien. Elle s'élevait presque dans l'axe de la Grande rue, en une sorte d'estrade à laquelle on accédait par deux ou trois marches, et qui était bordée, d'après un plan datant d'environ 1600, par une balustrade en bois. C'était sur cette estrade que le Sonrier, officier du Chapitre chargé de la police, proclamait les arrêtés et les jugements ; c'était de là aussi que les Grands-Prévôts fulminaient leurs sentences d'excommunication, au milieu d'un grand concours de dignitaires et d'ecclésiastiques et en présence du peuple rassemblé sur la *Place de Saint-Diey*.

Quelle avait été primitivement la vraie destination de la *Pierre-Hardie* ? C'est ce que l'on ne saurait dire bien exactement. Mais, placée dans un lieu central de réunion, entre la citadelle monastique et le quartier des bourgeois, elle devait être, comme la *Franche-Pierre* de Remiremont, un monument commémoratif de libertés municipales autrefois accordées par le Chapitre à ses sujets. Elle avait, anciennement, selon toute vraisemblance, joui d'un droit de franchise : ceux qui, poursuivis pour crimes ou délits, parvenaient à s'y asseoir, ne pouvaient en être enlevés par la justice séculière sans une permission du Grand-Prévôt de l'église collégiale de Saint-Dié.

A la suite de querelles répétées et de luttes parfois sanglantes, les bourgeois déodatiens obtinrent enfin du Chapitre la reconnaissance de leur communauté. En 1310, il leur octroya la « Grande Charte, » qui fut, depuis, proclamée chaque année sur la *Pierre-Hardie*. Elle devint plus que jamais, pour la bourgeoisie, l'emblème de la liberté, comme le furent, en d'autres lieux et à différentes époques, certaines pierres druidiques consacrées par le souvenir et la vénération des peuples, les croix d'affranchissement suivant la loi de Beaumont, les ormes ou les tilleuls sous lesquels on rendait publiquement la justice, et, plus près de nous, les arbres de la Liberté de 1792 et de 1848.

Un plan d'alignement partiel, en date du 3 Juillet 1721 et déposé aux Archives municipales, détermine à très peu de chose près l'emplacement de la *Pierre-Hardie*. Cet emplacement coïncide avec l'endroit où sont les vestiges ou fondations récemment retrouvées, et qui, sur ce plan, fait à l'échelle de *dix verges*, est sur le prolongement du mur nord de la maison de Dominique Thirriet, aujourd'hui à M. Albert Kempf. Depuis la Pierre *jusqu'à la quard* (ou coin) de cette maison il y avait *cinq verges et deux pieds*. Or, la *verge* ou toise de Lorraine équivalant à 2m859 et le pied à 0m33, c'est bien la distance de près de 15 mètres que nous comptons actuellement entre ces deux points.

* *<br>*

Qui nous dira les scènes diverses dont a été témoin ce vénérable monolithe ? Qui nous répétera les paroles qui furent prononcées sur son étroite plate-forme ? L'histoire est muette sur les incidents populaires, dramatiques ou joyeux, qui se déroulèrent dans cette grande rue et sur cette place dont elle occupait l'extrémité septentrionale. Mais on peut, en imagination, reconstituer quelques épisodes de ces réunions et se figurer quel devait être l'aspect de cette partie de notre ville le jour, par exemple, ou Philippe de Bayon excommunia le duc de Lorraine Raoul et son prévôt Ferry. C'était le 7 Août 1340. L'historien Gravier a retracé d'une manière pittoresque cette scène grandiose et terrible : « Le Grand-Prévôt, dit-il, revêtu de ses habits pontificaux, environné de son collège et suivi de ses sujets extraordinairement convoqués, monte sur la *Pierre-Hardie* et prononce solennellement la sentence d'excommunication contre le duc et ses adhérents ; il interdit à tous les curés et vicaires de son patronage la célébration de la messe, et ordonne qu'elle sera remplacée par la publication de cette sentence sur le seuil de chaque église. »

Les sujets du Chapitre dépendaient de lui en tout et pour tout. Depuis fort longtemps, ils réclamaient l'établissement d'un premier degré de juridiction. Ce ne fut que vers 1550 que le Chapitre, faisant droit à leurs demandes, organisa un siège de première instance, dont il se réserva les appels, et qui prit le nom de *Siège de la Pierre-Hardie*. Ce tribunal ne fut composé, pendant bien des années, que du Sonrier, qui devait être gradué en droit, assisté d'un sénier ou juge ordinaire. La maison canoniale où il était installé étant devenue insuffisante par suite de l'augmentation de la population, il fallut l'agrandir. En 1688, on construisit, dans ce but, le grand bâtiment entre le coin de la rue Rochotte, actuellement rue Saint-Charles, et le parvis de l'Evêché. Ce fut l'ancien Palais de Justice du Chapitre qui, bien que divisé aujourd'hui entre plusieurs propriétaires, est resté à peu près, comme aspect extérieur, moins la dimension des fenêtres, tel que nous le voyons encore. D'après M. G. Save (*L'Ancien Saint-Dié*, p. 27), il contenait alors l'auditoire ou salle d'audience, la Chambre du Conseil, la Chambre d'appel ou Buffet, le greffe et les prisons civiles et criminelles qui étaient primitivement dans la Tour Mathiatte ou du Grand-Prévôt.

On vit bientôt combien avait été nécessaire cette nouvelle construction. En 1691, lorsque Louis XIV eut créé à Saint-Dié un office de procureur du roi près du Conseil de Ville et établi un maire royal, le Chapitre, obligé de subir cette nouvelle institution et voulant conserver à son sonrier l'influence qu'il avait, centralisa au Siège de la *Pierre-Hardie* ses justices subalternes du dehors.

Plus tard, ce fut bien pis. En 1744, Stanislas supprima les charges de sonrier et de sénier, et les sujets du Chapitre obtinrent les trois degrés de juridiction tels qu'ils étaient établis depuis longtemps en Lorraine, c'est-à-dire que de la *Pierre-Hardie* ils en appelèrent au Buffet du Chapitre, et, en dernier ressort, au Parlement de Lorraine et Barrois à Nancy, excepté pour les cas présidiaux qui se portèrent au Baillage royal présidial de Saint-Dié.

A la *Pierre-Hardie* les audiences se tenaient le lundi de chaque semaine, et au Buffet, le samedi à 11 heures.

En 1757, la *Pierre-Hardie* avait disparu de la Place Saint-Diey, devenue *Place royale*, en l'honneur du roi de Pologne, mais son nom resta attaché au tribunal et à la maison qu'il occupait.

\* \*
\*

Nous avons sous les yeux un certain nombre de pièces, parchemins et papiers, qui rappellent et font revivre l'ancienne juridiction de la *Pierre-Hardie*. Ces pièces, que M. Paul Barthélemy nous a très obligeamment communiquées, proviennent de la famille de Julien Souhait, représentant des Vosges à la Convention nationale, et se composent d'extraits des sentences rendues au Siège de la *Pierre-Hardie* et au Buffet « de Messieurs du Chapitre de l'insigne église de Saint-Diey », d'actes de comparution, d'exploits d'assignation, d'extraits du registre du greffe des affirmations, etc. Bien qu'elles ne soient pas très intéressantes en elles-mêmes et qu'elles ne remontent qu'aux années 1742, 1778 et 1779, elles n'en constituent pas moins des épaves vénérables du passé judiciaire de notre ville. Elles nous donnent, en outre, quelques renseignements sur le personnel du tribunal aux dates que nous venons d'indiquer.

En 1742, le juge-garde de la Justice de la *Pierre-Hardie* était noble Florent-Joseph Bazelaire de Lesseux, avocat à la Cour. Le greffe était tenu par Fachot, avec Marcot comme commis-greffier. Les sergens ou huissiers étaient Joseph Lescrivain et Jacquot, qui remplissaient le même office au Buffet du Chapitre. Les avocats qui plaidaient le plus ordinairement à la *Pierre-Hardie* étaient François Haxo, Duvoid et plus tard Jean-Baptiste Renard.

Le juge garde était un représentant de cette famille de Bazelaire qui, dès le XVII<sup>e</sup> siècle a occupé une place si honorable dans l'histoire de notre pays. Florent-Joseph, fils de Charles-Joseph, était né le 6 octobre 1710. A celle de magistrat, il cumula d'autres fonctions importantes, comme celles de lieutenant-général au baillage royal de Saint-Dié et de maître particulier des Eaux-et-Forêts. Il mourut le 31 janvier 1770, après avoir rendu de nombreux et signalés services à sa ville natale. En 1733, il avait épousé la baronne Charlotte de Redoubté de Mortagne, fille de Charles-Nicolas-Joseph, conseiller d'Etat, maître des Eaux-et-Forêts, qui habitait la maison située entre la *Place de Saint-Diey* et la Colombière (aujourd'hui maison Bardy et hospice Saint-Joseph).

En 1778-80, le Siège de la *Pierre-Hardie* avait Jean-François Henry pour juge *ordinaire,* avec Jean Marotel et François Perrin comme sergens.

D'après un *Almanach de Lorraine et Barrois* pour l'année 1788, voici quelle était, à la veille de la Révolution, qui détruisit la plupart des anciennes institutions, la composition du tribunal :

Saint-Dizier, avocat, *juge ordinaire.* Richard le jeune, avocat, *juge tutélaire.* Trexon, avocat, *procureur fiscal.* Petitdidier, avocat, *curateur en titre et commissaire aux saisies réelles.* Henry, *greffier, receveur des Consignations.* Jean Marotel, *sergent-audiencier.* Jean-François Perrin et Nicolas Cherrier, *sergens ordinaires.*

Le curateur en titre, les sergens audienciers et ordinaires étaient les mêmes au Buffet.

\* \*
\*

Tous ces hommes étaient de ces bourgeois bien élevés, lettrés, qui se distinguaient par leur connaissance des affaires et des intérêts locaux. On retrouvera leurs noms dans la suite. Ils sont de ceux qui, dans l'histoire révolutionnaire de Saint-Dié, figureront au premier rang. Quelques mots sur les derniers magistrats et officiers de la *Pierre-Hardie* ne seront pas ici déplacés.

Henry (Jean-François), élu officier municipal aux élections du 2 décembre 1792, fut un des deux commissaires nommés le 5 avril 1793 « pour procéder au désarmement des nobles seigneurs et autres personnes suspectes. » Le 20 fructidor, an II (6 septembre 1794), il « est choisi comme membre d'un comité établi pour délivrer les certificats de civisme. Il ne fit plus partie du Conseil général lors de sa réorganisation par arrêté du représentant du peuple Bailly, en mission dans les Vosges, en date du 8 nivôse an III (26 janvier 1795). » Dans une délibération du 22 prairial suivant (21 juin 1795) il est dit qu'un Comité composé de sept membres « pris hors du sein même du Conseil général » sera institué pour la distribution des subsistances : Henry en fit partie.

Saint-Dizier (François-Joseph) était né à

Plainfaing, où son père était notaire. Etabli comme homme de loi à Saint-Dié, il succéda à J.-F. Henry comme juge à la *Pierre-Hardie*. Elu, en même temps que ce dernier, officier municipal, il fut un des membres les plus assidus et les plus dévoués du Conseil. Le 7 brumaire an II (27 octobre 1793), il fut désigné pour remplir provisoirement les fonctions de Procureur de la commune, en remplacement de Jean-Baptiste Antoine, mis en état d'arrestation. Il déclara « que, malgré son âge déjà avancé et la peine d'écrire, il acceptait cette charge et promettait d'en remplir les devoirs autant que ses forces et sa santé le lui permettaient. » Il remplit ses fonctions de vice-procureur jusqu'au 5 pluviôse an II (23 janvier 1794), époque où Antoine fut remplacé par Jean-Baptiste Renard, avec la dénomination nouvelle d'Agent national, et en vertu d'un arrêté du représentant Faure sur l'épuration des autorités constituées, daté du 28 nivôse précédent (16 janvier 1794). Renard, qui était un neveu de Saint-Dizier, avait été précédemment juge du tribunal judiciaire du district. La dernière séance signée par Saint-Dizier est celle du 22 floréal an II (11 mai 1794). Il mourut le 25 prairial (13 juin 1794), veuf de Marie-Françoise Duvoid, de Saint-Dié, et âgé de 63 ans. Le surlendemain de sa mort, le Conseil général lui rendit justice « en manifestant ses regrets sur la perte qu'il venait de faire du citoyen Saint-Dizier, recommandable par les qualités du cœur et de l'esprit, et notamment par son dévouement aux intérêts de la commune. »

Richard (Nicolas-François-Joseph), dit le jeune, pourrait donner lieu à une notice biographique assez étendue, mais comme elle a été faite plusieurs fois, nous n'en retiendrons que quelques faits. Né à Remiremont en 1753, docteur en droit en 1771, il vint s'établir avocat à Saint-Dié, où il se fit une très belle situation. En 1779, il fut nommé juge tutélaire à la *Pierre-Hardie*. Pendant toute la Révolution, il occupa un grand nombre de hautes fonctions, fut député aux Cinq-Cents en 1798 et devint enfin en 1800 sous-préfet de sa ville natale ; il y mourut, en fonctions, le 17 juin 1813.

Trexon (Jean-Nicolas), avocat, outre sa charge de procureur fiscal à la *Pierre-Hardie*, était, en 1788, curateur en titre et commissaire aux saisies réelles de la Prévôté baillagère de Saint-Dié. Il n'entra dans l'administration municipale que le 14 germinal an II (3 avril 1794), comme notable, en vertu de l'arrêté de Foussedoire pris, la veille, pour l'épuration des autorités constituées de Saint-Dié. Le 17, il fut nommé suppléant de l'officier public pour la rive droite en remplacement de Mathias Salmon, sorti du Conseil général pour être président de l'administration du District. Le 20 fructidor an II, il fit partie du Comité établi pour délivrer des certificats de civisme. Le 8 nivôse an III (26 janvier 1795), il est nommé officier municipal par le représentant Bailly. Le 25 prairial suivant (13 juin 1795), en vertu d'une décision du Comité de législation de la Convention nationale, il passa du sein de la municipalité à l'administration du district. Mais ce ne fut que pour peu de temps, car le 10 messidor (28 juin 1795), ce même Comité, autorisé à pourvoir aux places municipales, administratives et judiciaires, le nomma maire de la commune d'Ormont, à la place de J.-B. Antoine, qui lui-même le remplaça dans les fonctions de membre du Directoire du district. Trexon conserva ce poste jusqu'en vendémiaire an IV. Il habitait sur la *Place royale,* (aujourd'hui *Jules Ferry*) la maison qui porte actuellement le n° 9 et où un de ses fils établit un magasin de librairie. C'est Jules Trexon, libraire, qui, en 1840, fut l'éditeur du *Château de Pierre-Percée,* roman historique tiré de l'histoire des comtes de Salm au XIIe siècle, et dont l'auteur, J.-C. Docteur, imprimeur à Raon-l'Etape, a joui d'une certaine réputation dans notre pays.

Petitdidier (Jean-Charles), homme de loi, fut nommé, en février 1790, membre du Corps municipal, qu'il quitta le 19 juin pour le Directoire du district. Le 26 novembre 1792, il fut nommé et installé comme juge suppléant du tribunal judiciaire.

Le greffier Henry devait être de la famille de son homonyme, le juge ordinaire. Il fut nommé, en juin 1790, commandant de la garde nationale de Saint-Dié, en remplacement de Nicolas Haxo, qui venait d'être élu membre du Conseil général des Vosges. C'est en cette qualité qu'il alla à Paris, avec deux de ses collègues, pour représenter notre garde citoyenne à la grande Fédération française du 14 juillet 1790.

Marotel (Jean) fut le lieutenant qui accompagna Henry à cette cérémonie. Il devint ensuite adjudant-major. Le 1er août 1792, il fut un des premiers engagés comme volontaires dans le bataillon du district de Saint-Dié, qui devint bientôt le 11e des bataillons des Vosges. Il en fut nommé lieutenant-colonel en second le 8 août. Ce ne fut pas un bon choix puisque le 24 février 1793 il fut renvoyé comme incapable par les représentants du Peuple près l'armée du Rhin.

Perrin (Jean-François), huissier, fut nommé officier municipal par arrêté de Faure, représentant en mission dans les départements de la Moselle et de la Meurthe, du 28 nivôse an II (17 janvier 1794) et installé dans ses fonctions le 6 pluviôse suivant (25 janvier). Il fit partie de ce Comité, dont il a été déjà question, pour l'obtention des certificats de civisme et sortit du Conseil en suite d'un arrêté du représentant Michaud, du 29 brumaire an III (19 novembre 1794).

Cherrier (Nicolas), né à Colroy-la-Grande en 1755, fit partie de l'Administration municipale présidée par Jean-Joseph Lhôte en brumaire an IV (octobre-novembre 1795). Il donna sa démission le 24 ventôse an V (14 mars 1797) en alléguant pour motif « que le service du tribunal criminel des Vosges et celui correctionnel de l'arrondissement de Saint-Dié, auxquels il était attaché comme huissier, exigeant de lui des absences de 6 à 10 jours, il ne pouvait, sans trahir les intérêts de ses administrés, et nuire en même temps aux fonctions publiques qu'il est par état chargé de remplir, rester plus longtemps administrateur. » Il mourut le 8 mai 1803. Il était le grand-père de notre camarade M. Félix Colin, ingénieur civil.

Revenons au bâtiment de la *Pierre-Hardie*, devenu propriété nationale à la Révolution. Au commencement de 1792, l'Administration du district, le voyant inoccupé, projeta de l'affecter au logement de la brigade de gendarmerie. C'était un édifice solide, qui, ayant toujours été bien entretenu, pouvait passer pour neuf. Sa distribution était telle qu'il y avait possibilité d'y loger commodément et séparément six ou sept ménages. Il était très vaste puisque, outre ce qui dépendait du service du tribunal, il servait aussi à loger les vicaires et le sacristain du Chapitre, et chacun d'eux avait au moins trois pièces, non compris les portions de cave et de grenier. Comment les gendarmes ne s'accommoderaient-ils pas d'appartements qui suffisaient à des prêtres? Seulement, un supplément aux caves semblait nécessaire, mais on pouvait le trouver dans deux cachots humides faisant partie de l'édifice, et qui seraient des caves dès qu'on leur en donnerait le nom. Ce n'était pas le tout de loger les gendarmes nationaux et leurs ménages ; il leur fallait encore de la place pour les chevaux et les fourrages. La *Pierre-Hardie* n'en avait pas. On renonça donc au projet de la transformer en caserne et on lui substitua celui d'en construire une sur la partie méridionale de l'enclos des Capucins. Les circonstances empêchèrent d'y donner suite, et puis l'argent manquait. L'idée fut reprise l'année suivante.

A la séance du Conseil général de la commune du 12 janvier 1793, un membre émit l'opinion qu'on pourrait éviter à la Nation les frais de la construction d'une gendarmerie en se ressaisissant du projet de caserner la brigade en entier dans la *Pierre-Hardie*. « L'obstacle, dit-il, opposé par le
« défaut d'écuries et du magasin à fourrages
« est levé depuis la loi du 25 juillet dernier
« qui ordonne la vente des palais épiscopaux,
« et notamment par son article 4 qui en
« prescrit la division en plusieurs sections
« ou lots pour la facilité des aliénations. De
« l'évêché de cette ville dépend un bâtiment,
« qui n'est séparé que par une rue, et où se
« rencontrent une assez grande écurie, un
« magasin considérable et des chambres ap-
« propriées pour le logement des équipages,
« de la provision d'avoine proportionnelle-
« ment et d'un palefrenier. Rien n'empêche
« que ce bâtiment, qui n'est éloigné que de
« quelques pas de la *Pierre-Hardie*, n'en

« devienne l'annexe aussi commodément
« qu'il l'est encore de l'évêché. D'ailleurs,
« le ci-devant palais renferme déjà trop de
« logements, et rien n'est plus facile à ceux
« qui en feront l'acquisition que d'en con-
« vertir quelques-uns à peu de frais en
« écurie et greniers à foin. »

La conclusion était que le Conseil général devait, dès maintenant, donner une sérieuse attention à la reprise du projet de la conversion de la *Pierre-Hardie* en caserne, attendu la vente peut-être prochaine de l'Evêché.

Ce fut aussi l'avis du Conseil. La commune de Saint-Dié y trouvait, en effet, deux avantages. Indépendamment des logements à affecter aux gendarmes et à leur officier, elle contenait, au second étage, des prisons civiles très saines capables de faire le service de la maison d'arrêt, parce qu'elles tenaient à un petit logement pour un concierge et qu'elles avaient été solidement reconstruites en 1724. Le directoire du district appuya le projet, et la transformation eut lieu quelque temps après.

Nous ne poursuivrons pas plus loin cette

étude purement locale, car la maison dite de la *Pierre-Hardie* va bientôt cesser d'avoir tout intérêt. Divisée, après le transfert de la gendarmerie dans le bâtiment qu'elle occupe encore aujourd'hui, entre plusieurs propriétaires, elle subira le sort des immeubles ordinaires et perdra peu à peu le nom historique sous lequel elle avait été connue de nos aïeux. Et, à l'heure qu'il est, dans cette population presqu'entièrement renouvelée, combien y a-t-il d'anciens Déodatiens qui ont conservé le souvenir de la *Pierre-Hardie* ?

*21 Juin 1899.*

S¹-Dié. Imp. L. Humbert.

www.ingramcontent.com/pod-product-compliance
Lightning Source LLC
LaVergne TN
LVHW021745080426
835510LV00010B/1337